www.ingramcontent.com/pod-product-compliance
Lightning Source LLC
LaVergne TN
LVHW060328080526
838202LV00053B/4439
* 9 7 8 3 7 4 9 7 4 2 9 1 2 *